한 뼘이라는 적멸

윤정구 시집

시인동네 시인선 129

윤정구 시집

한 뼘이라는 적멸

시인동네

시인의 말

따질 것도 없이
우리는 모두 전생의 한 뼘이다.

다만 각도에 따라
조금씩 다르게 받아들일 뿐,

멀리 보려면
높이 날아올라야 한다.

날갯죽지가 녹아내릴 때까지.

2020년 6월
윤정구

차례

시인의 말

제1부

수렴동 물소리 · 13
한 뼘 · 14
산수유 화엄 · 15
점안(點眼)의 시법(詩法) · 16
토정비결 · 18
단적(短笛) · 19
공무(空無)의 바다 · 20
복음 · 22
각다귀 고신첩(告身帖) · 23
성불(成佛) · 24
승천 · 26
수매미는 알지 못한다 · 27
닥나무 숲속의 우물 · 28
불가사의경(不可思議經) · 29
몽생화(夢生花) · 30
요 요런, 사람 같으니라구 · 32

제2부

손가락 끝에 뜬 달 · 35

다시 봄, 너구동 · 36

소심(素心) · 37

들리지 않는 노래 · 38

다산초당의 노을 · 40

천마(天馬) · 41

외로운 수탉을 위하여 · 42

황양목 · 44

구오복일일十(九五福一日壽) · 45

비파형 동검 · 46

군자란 · 48

운주(雲住) · 49

사과는 예정대로 · 50

하늘다람쥐 가는 길 · 51

하루살이 춤 · 52

제3부

이병률(二甁律) 이야기 · 55

일별(一瞥) · 56

히이힝, 권진규 · 57

한 식구 · 58

시인이란 이름의 민물고기들 · 59

은하수, 한 뼘이라는 적멸 · 60

초저녁별 · 62

홍도 · 63

흰 옷 입은 아이 · 64

열반암(涅槃岩) · 66

마부를 따라가다 · 67

비잔티움 · 68

호랑나비 · 70

첫사랑 · 71

하늘공원 · 72

만천성(滿天星) · 74

수레바퀴를 넘다 · 76

제4부

어머니 마음 · 79

설청(雪晴) · 80

풍탁(風鐸) · 82

가파른 저녁 · 83

대덕산 숭어 · 84

아득한 풍경 · 86

봉숭아꽃 · 87

나마스테 · 88

닝긴 시고부 · 90

신전 앞에서 · 92

고깔제비꽃 · 93

독락당(獨樂堂) 오르는 길 · 94

마리안느 · 96

허허실실 · 97

아버지의 아버지 · 98

단 한 번만이라도 · 100

해설 높이 솟구쳐 나는 설청(雪晴)의 시 · 101
    이병철(시인·문학평론가)

제1부

수렴동 물소리

마음에 들면 두말없이 따라나서는
수렴동 물소리

오늘은 한 이백 리 내 집까지 따라와
함께 달을 보네

박꽃 지붕으로 내리는 달빛

차르르르, 청옥구슬로 흐르는
수렴동 물소리 깊고 깊어서

어둑새벽 훤히 열리도록
발이 시리다

한 뼘

한 뼘 남짓 될까,
학의 다리로 만들었다는 하얀 뼈피리

간 봄 떨어진 동백꽃 울음으로
삼경 지나는 초승달 소리로

별 총총 새벽하늘 건너갈 때

가느다란 두 다리 가지런히 모아 펴고
겨울 바다 깊숙이 뛰어들더니

꿈결이었나,
올곧은 다리가 저어 간 은하의 밤

오래도록 지워지지 않는
전생(前生)의 한 뼘

산수유 화엄

만세 부르듯
두 팔을 번쩍 들어 올린
산수유 가지에 매달려
꼬무락거리던 백팔번뇌
점, 점, 점,
빨갛게 익었다
잘 견디어 익히면
번뇌도 곱다는 말씀인가
함박눈 내리면
더욱 기막힌 기러기떼만
다들 어디로 갔을까
실잠자리, 풀여치, 서리귀뚜리……
짙푸른 산수유 그늘에 숨어
함께 꿈꾸던 이들

점안(點眼)의 시법(詩法)

 간혹 인물화에 눈동자를 그려 넣지 않았던 화성(畵聖) 고개지(顧愷之)는 아무리 하찮은 사물에도 다 신이 깃들어 있다고 말했다

 그대가 그림을 그리고 시를 쓴다면 사물에 깃든 신을 만나야 한다고 여백은 빈 공간이 아니라 가능성의 힘들이 뭉쳐 있는 유현(幽玄)한 공간이라고

 설령 폭포가 떨어지는 깊은 골짜기에 들어갔을 때 가슴이 갑자기 벅차오르고 기가 차오름을 느낀다면 멈추고 서서 폭포의 말에 귀를 기울여라

 이우환의 움직이는 점과 마주 섰을 때도 마찬가지다 점과 점들이 서로 당기고 밀어내는 균형과 불균형의 접점이 느껴진다면 그게 바로 신의 숨결 아니겠는가

 그대 가슴속 만 가지 느낌과 뜻도 획 하나로 담아낼 수 있다고 그 획 하나에 모든 우주의 기를 모아 정신을 곧바로 하

늘을 향하여 세울 수 있다지만

 낙관을 찍어 자신이 점안한 것임을 보증하던 옛사람처럼 시여, 내가 눈을 찍어 세상에 내보내어도 여전히 청맹과니인 시여 답답한 내 시여

토정비결

전생을 기억할 수 없는 나는
어디까지 이 싸움을 밀어붙여야 하는지 알지 못한다
절벽에 숨어 게슴츠레 내 실수를 기다리는 저 악마의 눈을
신은 모른 척 지켜보고 있다

그렇다,
모든 것은 결국 내 안의 신과 악마의 싸움이다

그래서 토정(土亭) 선생은 내게
호랑이에게 물려 가도 정신을 바짝 차리라,
그러면 해 가기 전에
귀인을 만나게 될 거라고 그랬나 보다

단적(短笛)

의기양양 태산을 내려오다가
백면(白面)의 무자비(無字碑)를 만났다
우뚝 일어선 한 길 바윗돌이
몰자풍비(沒字豊碑)를 단숨에 뛰어넘어
아득한 만 년 앞을 넘겨다본다
골짜기에서는 허름한 노인이
하늘 향해 짧은 피리를 불고 있었다
새의 다리뼈로 만들었다는 단적
맑은 듯 목쉰 듯, 떨리는 피리 소리를
신기하게도 알아듣는 산새가 있어
아무것도 보이잖는 허공으로
화살처럼 제 몸을 내리꽂는다

공무(空無)의 바다

삼라만상이 제 모습을 갖추기 전의 세상을 생각해보았니?

뭉게뭉게 구름 피어나듯 꿈틀거리던

배후(背後)의 무지막지한 힘

태고는 그렇게 무법(無法)의 행복을 만끽했단다

대립도 반란도 없었던, 우뢰와 번개가 합창하던 시절

하늘에서 콸콸 쏟아지는 저 폭포 소리처럼

유무가 함께 생동하던, 하늘과 땅의 시작 자리

그 한 획에 만법(萬法)이 깃들던 것을 상상할 수 있겠니?

그러므로 하나가 곧 모든 것이요, 모든 것이 곧 하나라

>

그윽한 골짜기나 아득한 바다에 들면 느껴지는 숨소리

맨 처음의 공무(空無)로 되돌아갈, 시작의 끝자리

복음

우람한 후박나무 어깨가 움찔한다

후박나무 겨드랑이에서 반짝
새어 나오는 초록빛

납골 속
반짝이는 사리처럼
딱딱한 껍질을 뚫고 나오는,
바늘 끝보다 뾰족한
생명의 끝!

몇 겹이나 어둠 속을 헤매었을까

바깥세상으로 기어 나온
갓 난 잎새 하나가
응애,
송곳 울음을 터뜨린다

각다귀 고신첩(告身帖)

어디를 그렇게 서둘러 가느냐고 각다귀 한 무더기 길을 가로막는다

또 하루 저물어 꽃잎처럼 지고 있다고 나는 말없이 노을 비낀 해를 가리킨다

아직도 못 뛰어넘은 시간의 수레바퀴 억만 겁 숨은 뜻이 한순간 뜨끔했다

그런다, 단 한 번 지나간 마음에는 하루나 백년이나 다 똑같다 흔적 없다

성불(成佛)

다리가 없다

팔도 없다

눈도 없고

귀도 없는

캄캄한 몸뚱어리로

적멸보궁

앞마당까지 밀어 왔다

장맛비에 혼비백산

아아, 모두 떠내려갈 때

온몸으로 밀고 올라온

지렁이 보살

승천

은하에서 떨어진다는 장백폭포
천길 높이 절벽을
다시 개구리가 된 금와왕(金蛙王)이 올라오고 있다
기어오르다가
급한 마음에 뛰어오르고
잠깐씩 지친 몸 쉬기도 하다가
분에 못 이겨 몇십 리 길 주르르 미끄러져 내린다
그만 내려갈까
까마득한 절벽 아래
어릴 적 웅덩이를 그리워하기도 하다가
까마득히 숨은 별 다시 찾아낸다
언젠가는 유화(柳花)가 있는 동부여 하늘에 가닿으리라
푸른 마음을 다잡는다

수매미는 알지 못한다

매일 애타는 가락으로 암매미를 부르느라

제게 주어진 두 주일의 일생을 홀딱 다 써버린 수매미는,

제 영혼이 몇 년씩이나 땅속에서 물속에서 참고 꿈꾸며

공들여 저를 나무 위로 밀어 올렸는지 알지 못한다

닥나무 숲속의 우물

절대 들여다보지 마라

닥나무 숲속의 우물

당나귀 가죽보다 질긴 닥나무 껍데기에 걸리면 천하의 여우 호랑이라도 그 골짜기 못 빠져나온다

제 얼굴 한번 보려다가 우물에 빠진 귀신 많다

불가사의경(不可思議經)

천지가 유정하여 저리 함박눈 내리고
법당 앞 홍매가 때맞춰 꽃 피웠다

황급히 금란가사(金襴袈裟) 갖춰 입은 주지스님이
굽은 지팡이 더듬더듬
눈길 더듬어 영취산을 오르신다

홍매화 피는 날
삼 년 내리 함박눈을 주시다니요!
불가사의

아, 알고 보면 천지가 다 불가사의하다고
금강경 대신 불가사의를 되뇌신다

몽생화(夢生花)*

아직 말하면 안 돼

조용히 쟁이마을 앞길을 가로질러 가는

땅풍뎅이 두 마리

아직도 간밤 꿈에 취한 듯

등허리에 푸른 별빛을 지고

노란 달빛을 물고

천지에 흩뿌릴 몽생화(夢生花)의 향기를

꼬옥 안고 가는

오호라, 0101101

암수표로 기록된 봄꽃들의 개화 암호

---

*몽생화: 당나라 명필 왕희지가 꿈에 보았다는 붓대에 핀 꽃, 몽필생화(夢筆生花)의 준말.

요 요런, 사람 같으니라구

주워온 햇밤 두 톨
도토리 항아리에 넣어두었다
도토리에서 잠자던 놈이
맛있는 햇밤 냄새를 맡은 것일까
작은 밤벌레 한 마리가
사각사각 밤톨 하나를 뚫고 들어가더니
캄캄한 굴 속에서 까만 눈 빼꼼히
남은 한 톨을 눈독 들이고 있다
아니, 요 요런, 사람 같으니라구!
눈 마주치자 모른 척 딴청이다

제2부

손가락 끝에 뜬 달

우주 그 큰 시간과 공간을 뚫고 솟는 저 달을 보아라
시간과 공간이 맞붙은 것이 보이느냐?

고구려 마을 뒷산에서 유유히 흘러가는 한강을 바라보다가
한적사(寒寂寺) 주지스님이 가리키는 손가락을 바라보다가

사람마다 다르다는 손가락 끝 우주 문양을 바라보다가
강물을 뒤덮은 구름이 꿈틀거리는 것을 바라보다가

문득 난신과 씨실이 교지으로 이루어진 시공을 뚫고 솟는
저 달이 모든 이의 가슴에 각각 새겨지는 모양을 본다

환하게 웃는 이 쓸쓸히 웃는 이 웃음 거두고 바라보는 이
핑 눈물 도는 이 엉엉 우는 이 이 차마 울지도 못하는 이

인총 수만큼 이지러지고 부풀어 오른 달을 바라본다
그렁그렁한 얼굴이 닿는 순간 달은 우주 만상을 꿰뚫는다

다시 봄, 너구동

뽕나무에 매달린 필기체 누에들이 고물거린다
파란 글씨 한 잎 물어 오물오물 뜻 새기고
한 잠 자고 허물 벗고 하늘 보며 묵언수행(默言修行)

두 잠 자고 다시 허물 벗고 꾸벅 읽다 하늘 보고
다시 돋는 새잎들을 읽고 읽고 또 읽고
갸우뚱 하늘 보다가 스르르 막잠 든다

마침내 티끌 없는 올곧은 마음으로
성자처럼 섶에 올라 써 내려간 외줄 백발자(白拔字)
고운 정성의 은밀한 밀봉, 눈부신 생명의 서(書)

다시 봄날, 갓 깨어난 누에나방이 날아오른다
언젠가 와 보았던가 온 동네가 정답다
낯익은 뽕나무 가지에 가 앉는다 천지가 환해진다

소심(素心)
—달선에게

동지(冬至) 돌아 한 바퀴
다시 한겨울 앞에 선 적요(寂寥)

날렵한 잎새와 부드러운 꽃잎의 향기도
쏟아지는 눈발 아래 잠재우고

천금보다 소중하다고
푸른 꿈을 나누던 그대와의 우정도

속절없다, 하늘 아래 모든 것
눈발은 평생 써 내려온 답안을 하얗게 지웠다

새해에는 우리
다시 새롭게 시작해야 한다

그대는 천국에서
나는 이승에서

들리지 않는 노래

 제 뒤통수를 볼 수 있어야 겨우 도(道)가 통하기 시작한 거라는데 그 말 믿고 열심히 도를 닦던 스님이 죽어 화장을 했겠다 죽은 영혼이 돌아와 보니 그만 들어갈 육신이 없어진 게야 아주 섧게 울었으나 물론 아무에게도 들리지 않았다

 환한 환호 속을 훌쩍이며 유등(流燈)을 타고 길 떠난 영혼은 유등 무리와 흩어져 어둠에 들어서야 하늘이 보이기 시작했다 다시 십 리를 더 떠내려 와서야 겨우 깨닫고 무릎을 치려는데 무릎이 없는 게야 그래도 온힘을 다하여 무어라 무어라 소리 쳤는데 때마침 한바탕 장대비가 쏟아지는 게야 천기누설을 막은 게지

 지금도 유등 따라 가노라면
 모깃소리처럼 노랫소리 들린다는데

 무르팍 없어지기 전에 귀부터 닫아걸어서
 알아듣는 사람이 없다

하늘 밝아와 뒤통수 뵐 때까지

끝까지 헛됨을 견디어 나아갈 뿐

다산초당의 노을

여유당(與猶堂)에서 보낸 붉은 치마 헐어 수첩을 만들었다

빛바랜 활옷치마는 저녁 무렵 한바탕 돋는 노을빛이었다

나귀 등에 업혀온 천리 치마폭에 맑은 눈물방울 몇 떨어졌던가

기약 없는 붉은 마음 접어 하피첩(霞帔帖) 써 내렸거니

무심히 해 저물고 별 기울고 꽃 지는 세상이 다시 이백 년

하피첩에 새긴 뜻 까맣게 잊고 살았다

밤새 귀뚜리 저리 애틋하게 읽던 것이 노을빛 하피첩이더냐

검푸른 미루나무 너머 노을은 여전히 절절한 귀뚜리 울음빛이다

천마(天馬)

선운산 골짜기에
천마가 방금 흰 날개 접은 듯
솔바람 소리 푸르다
도솔암 아래 마애불이
지긋이 감았던 눈
가늘게 떠서 바라보는
노을 고운 낙조대를
펄쩍 뛰어넘을 수 있을까
황금 편자 기다리는
천년 고향으로 들아가사
금빛 말방울 소리 드높이
하늘로 날아오르자
낡은 낙타 가죽 안장을 털고
고운 미륵동자를 태운다

외로운 수탉을 위하여
—이(履)자 지(之)자 할아버지*의 편지를 읽다

아버지 할아버지는 부자(父子) 영상(領相)이고 동생은 부마(駙馬)가 되었는데 그저 집이나 튼튼히 지켜나가던 이(履)자 지(之)자 할아버지 늘그막의 편지가 재미있다

"……어떤 사람이 새벽 닭 울음소리 들으라고
내게 수탉 한 마리 보내왔구나
늙은이가 근심 있을 때나 잠 안 올 때
이 소리 듣게 되면 깊은 성찰하게 될 것이니
기쁜 일이다 단지 암탉이 없어서……"

절로 웃음이 나는 할아버지 편지다 나보다 꼭 360년 전에 태어나 일흔 넘어 사랑채에서 누가 보내온 수탉 한 마리를 측은하게 바라보던 할아버지는 어디 섬에라도 가서 어울리는 암탉을 구해오라고 아들에게 주문하면서 조금은 민망했던가 보다

"……찾을 길이 없는 것을 찾는다고 고민하지는 말거라
억지로 구할 필요는 없단다……"

고 귀여운 인사를 빼먹지 않는 이지(履之) 할아버지
　형조판서를 지낸 건 순전히 동생 신(新)자 지(之)자 할아버지
와 정혜옹주 덕일 거라고 수군대는 소리를 씻어버리고 싶었나
보다

　나도 새벽마다 정신 펄쩍 나도록 세상 깨우는
　목청 좋은 수탉 한 마리 키우고 싶다

＊윤이지(尹履之): 할아버지 윤두수(尹斗壽)와 아버지 윤방(尹昉)이 영의정을 지낸 명문가의 아들로서, 동생 윤신지는 선조의 부마가 되었고, 윤이지는 형조판서에 오른다. 그가 아들 윤기에게 "선사 받은 수탉 한 마리가 혼자 지내는 것이 안타까우니, 알맞은 암탉을 구해보라"고 보낸 간찰이 발견되었다.

황양목

한 해 한 치밖에 자라지 못한다
윤달이 든 올해에는
작년보다도 작아졌다고 놀려댄다
아무리 참선하면 무얼 하나
땅에 붙은 제 키가 원망스럽다가도
어느덧 마음을 고쳐먹는다
키야 작으면 어때? 단단해지면 되지
황양목*은 아침저녁 읽고 또 읽고
생각하고 또 생각한다
한 자 한 자, 품고 있는 동안
청동북의 금문(金文)을
가슴에 새길 만큼 단단해졌다

---

*황양목은 회양목이라고도 불리며, 마디게 자라지만 단단하여 인장을 새기는 귀한 나무이다.

구오복일왈수(九五福一日壽)

오복의 첫째는 장수(長壽)라고
곱게 새긴 금침(衾枕)을 보고
굵은 붓 두 손으로 잡아
사절지에 써 내려간
다섯 살 세자의 글씨
가르치던 윤행임(尹行恁)*은
큰 선물에 감격하여
팔천세(八千歲) 글씨를 가보로 삼았다
아, 방울방울 떨어진 어린 마음
먹물 점이 꽃다운 보회(補劃)이 되었다

---

*윤행임은 후일 순조가 된 세자가 쓴 글씨 '구오복일왈수(九五福一日壽)'에 사연을 적고 가보로 삼았다.

비파형 동검
—아리따운 손길이 빚어내는 악장(樂章)이 그리웠다

전쟁터에 나가 와와 함성을 지르면서도
문득 두고 온 사람이 떠올랐을까
상대를 죽이고 뺏는 무기가 아니라
나를 믿고 기다리고
인애하는 사람들을 지키는 데 쓰라라는

비파형 동검 앞에 서면
흰 옷 입고 씨 뿌리던 사람들이 꿈꾸던
세상을 떠올리게 된다
순박하고 정다운 마을을 지켜가는

까마득한 날의 대가야
구릉보다 높은 무덤 옆 오솔길
소나무 전나무 참나무 병정들
사이좋게 섞여서 흔들리며 흔들며
큰 산을 오르고 있다

적도 없고 승패도 없는 덧없는 병정놀이라고

동검을 팽개친 나무 그림자들이
모든 적멸을 뛰어넘는
산 그림자 기운 왕릉의 저녁 무렵

동검을 녹여낸 비파 소리가
저무는 대가야의 하늘에 펼쳐진다
고함 대신 맑고 청아한 곡조가
산등성이 집들을 가볍게 넘어간다
새털구름이 꽃자주로 다시 붉다

군자란

군자란 꽃잎이 벌겋게 달아올랐다

달아오른 무쇠 화젓가락은 끝내
꺾을 수 없는 삼문(三問)의 허벅지를 뚫었다

황천 가는 길엔 잘 데가 없다는데
읊다 말고 처참한 몰골의 그가
고개를 돌려 딸아이를 본다

너는 계집아이니 죽음은 면하리라

아버지! 아버지!
노랑저고리 분홍치마가 따라오며 울부짖는다

운주(雲住)

산 하나 배에 싣고
닻을 올려 떠내려가도록 두었다
구름처럼 마음대로 떠가거라
해가 떠올라도 그대로 누워
하늘만 보고 있는 신랑 곁에
각시도 얌전히 누워 있다
산이 어디에 와 닿는지
언제 꽃이 피는지도 아랑곳하지 않고
석 달째, 달 저문 하늘에서
수를 놓는 별을 헤이리고 있다

사과는 예정대로

엉덩이가 커지자
사과는 부끄럼을 탔다

부끄럼을 가린 어둠 속
죄를 감추고

푸른 달빛에
눈물 흘리며

참회가 가장 뜨거운 열매라는 걸
사과는 알게 되었다

꽃 상자에 옮겨 타고서야
모든 것을 용서할 수 있었다

기꺼이 싱그러운
디저트가 되었다

하늘다람쥐 가는 길

제가 믿었던 예수님도
제가 믿었던 부처님도 다 내려놓고

저렇게 조용히 눕는 낙엽들의 눈은
얼마나 착한가

눈이 오기 전에
활활 타오를 제 운명을 알고 있는

마른 낙엽들이
하늘다람쥐 가는 산길을 덮고 있다

하늘다람쥐 눈이 맑은 까닭을 알겠다

하루살이 춤

땅속으로 물속으로 너를 찾아 헤매었던
어둠의 몇 해는 다 잊겠다

단 하루 너를 만나던 그 밤만을 기억하겠다

입이 없어 에너지를 충전할 수도
무너지는 시간을 막을 수도 없어

하룻밤 꿈을 더할 수도 없는 슬픈 내 사랑

화톳불 위라고, 미쳤다고,
미친 듯이 춤추는 나를 웃는다면

아, 죽음의 춤 속으로 뛰어들지 못한다면

우리 모두 하루살이란 걸
그대 짐짓 모른 척하는 것인가?

제3부

이병률(二甁律) 이야기

두 개의 물독 중 하나는 꼭 채워놓아라
외할머니는 늘
준비하며 살아야 한다고 가르치셨다
열다섯 살 어머니에게
색동 반짇고리에
실과 바늘을 고루 준비해주셨다
시집살이 조심스럽기
벙어리 삼 년에 귀머거리 삼 년이라고
아, 그게 무슨 시집이냐고
꼬짝꼬짝 피는 철쭉지를 딜데이 보셨나

일별(一瞥)

달무리를 보면 알리사를 생각하고
데미안과 늦도록 골목을 서성였다
저녁이면 말을 건네 오던
어린 왕자
작은 별을 갖고 싶었던
무지개 아침 한낮
아버지가 사다 주신 고무신은
시냇물에 떠내려가고

어느 사이, 허허로운 가을 끝
눈 내리기 전에 휘이 돌아보고 싶다

히이힝, 권진규

권진규*의 작품 〈말머리〉를 보고 있으면
히이힝! 말 울음소리 들린다
들판을 달리던 말
산맥을 넘던 말
하늘을 날던 말, 말, 말
다리도 몸뚱어리도 날개도 다 잃고
오, 부드러운 갈기만으로
꿈속을 달려가는 권진규의 말머리

---

*권진규: 한국 근대조각의 선구자. 대부분 점토를 구워 만든 테라코타상으로, 장식성을 배제한 정신적 구도 자세를 표현하는 '엄숙한' 작품들을 남겼다.

한 식구

찔린 자국들이 작품이 된다
찢긴 것들이 예술이 된다
오 에르베 틸레*의 티 없는 세상
넘어뜨린 아이와 넘어진 아이가
서로 손잡고 친구가 된다
찔린 것 찢긴 것 보듬어 안는 순간
감쪽같이 상처가 아문다
슬로모션으로 춤추듯 노래하듯
뭉게뭉게, 구름 언덕을 뛰어오르는
낯선 아이들이 한 식구가 된다

---

*오 에르베 틸레: 프랑스의 화가이자 일러스트레이터. 찢고, 붙이는, 원색적인 색종이 작업으로 환상적인 동화의 세계를 보여준다.

시인이란 이름의 민물고기들

　　　　　　　버들치
　　　쏘가리　　　꺽지
　어름치　　갈겨니　　　피라미　살치　　　　송사리
꾹저구　　　　　　　　　납자루　동자개　쉬리
　가물치　　　　　　　　　각시붕어　　동사리
　　열목어　　납자루　쭈구리　누치　　　퉁가리
　　모래무지　메기

시인이란 이름은 민물고기 이름처럼 예쁘다고
지리산 골짜기로 들어간 한정옥 시인이 말했다
얼비치는 맑은 물살이 부끄러웠던 나는
한 무더기 싸리나무로 남았다
사람들 넘어가고 넘어오는 언덕배기에서
하염없이 두 손을 흔들고 섰다

은하수, 한 뼘이라는 적멸

죽는다는 것은 가장 확실한 구원이다

베란다에 가꾸는 꽃들보다
책을 읽다가 듣게 되는 새벽 종소리보다

벼락처럼 집행하고
우르르 천둥처럼 선고하는
죽음만큼 신선한 것은 없다

죽어 별이 되었다는 까마득히 많은 조상처럼
나 혼자 떨어져,
캄캄한 바다에의 항해를 끝내갈 무렵

마침내 방학이 끝나 숙제 정리하는 아이처럼
가는 길을 멈추고
문득 건너야 할 한 뼘이라는 적멸의 강,
은하수를 올려다본다

내 발자국들이 이렇게 고스란히 하늘에 찍히는 줄 알았다면
이 정도로 삐뚤빼뚤
갈팡질팡 걷지는 않았을 거라고
밤마다 잠꼬대 함께 식은땀을 흘리는 내게

다 내려놓아라,
너의 하늘이 가까워졌다

그러므로 네가 완성에 이르러서가 아니라
끊임없이 어둠 속을 헤매며
미완(未完)을 키워온 공로로 하여

너는 죽고 구원에 이른다

초저녁별

나를 알아주는 이 멀리 있다던
괴테

천 년 전 만 리 밖 가을비 듣던
고운(孤雲) 선생

동서고금 가리지 않고
혼자 가는 길은 외롭다

한 번에 두셋, 다섯 이루려는
욕심 내던지고

또박또박
오직 한 길로 가라

매일 밤 같은 자리
초저녁별

홍도

다시는 사랑하지 않으리라

누구든 가까이 다가오지 못하도록

온몸에 가시를 박아놓고

저만큼 떨어져서

오, 한때는 애틋하게 보듬었던 웬수들을 바라보는

깊고 까만 고슴도치 눈

흰 옷 입은 아이

두만강가 토막집 앞마당
햇볕 쪼이는 흰 옷 입은 아이
불끈 솟은 광대뼈 위의 까만 두 눈이
대추씨처럼 단단하다
겨우내 입은 겨자 빛 무명저고리
누르스름한 얼굴
방금 만리장성을 넘어온 오랑캐가 영락없다
누가 덤벼들기라도 할세라
부릅뜬 작은 눈
여차하면 박치기라도 해댈 기세다
그래도 쏘아보는 눈매 한 구석이 정답다
험준한 알타이산맥
꽁꽁 얼어붙은 바이칼호
모래바람 산을 옮기는 고비사막
허허로운 만주벌판 걷고 걸어서
금수강산에 이른
아득한 수천 년이 보이는 것 같다
새의 깃털 한 점씩 머리에 꽂고

무리 지어
큰 활 메고 달려가고 싶다

열반암(涅槃岩)

자빠져 널브러진 놈은 널브러진 채로

쪼그리고 앉은 놈은 쪼그린 채로

의젓하게 서 있는 놈은 선 채로

둥실 떠오르는 새날을 맞고 있다

다시 깨어날 때에 똑같은 모습이라니

다음 생에조차 새로운 내가 아니라면

차라리, 붉은 노을에 잠들고 말리

아득한 꿈에서 깨어나지 않으리라

마부를 따라가다

죽은 사람 셋과 산 사람 셋이
함께 손잡고 걸어간다
김승호 황정순 황해와
신영균 엄앵란 신성일이
사이좋게 눈길을 걸어간다
말을 끌고 가는 세 사람은
죽은 사람이고
말 뒤를 따라가는 세 사람은
아직 살아있다
죽은 사람들과 산 사람들이
함께 울고 웃으며
흑백의 장거리를 지나간다
동화 속 생쥐처럼 줄지어 간다
나도 따라나선다

비잔티움

바닷물에 비친 역사가 궁금하다고?

해 질 무렵 술렁이는
삼면이 바다로 둘러싸인 하이다르파샤역

동쪽에서 온 것이 모두 내려지고
빈칸이 채워지길 기다려
기차는 제 길을 따라 동쪽으로 돌아가고

붉은 벽돌 역사는 바다에 비친
수척해진 제 모습 바라보며
다시 생각에 잠긴다

언제까지 참아낼 수 있을까?

순간 바닷물에 비친 역사가 깨어져서 출렁거렸다
하고 싶은 말을 참고 있는
역사가 휘청거린다

이천 년을 싸우고도, 팔다리가 부러지고도
묵은 싸움 그칠 줄 모르는
어리석고 어리석은 사람들아!

아야소피아 언덕에 초저녁별 떴다

호랑나비

제 하늘에 온전한 꽃 피우려

날마다 눈뜨면

책상을 박차고 나아가

날개 펄럭이며

이 골짝 저 골짝 치닫던 아름다운 이가

오늘은 온종일 눈감고

제 안에 흐르는

수렴동 물소리를 듣고 있다

첫사랑

목이 터져라 불렀지만

메꽃 나팔소리는 둑방을 넘지 못하고 떨어졌다

저어 여어기이 이있어요오

그때 그 메꽃 소리 왜 듣지 못했을까?

아무리 바람 불고 구름 울어도

제아무리 어리고 철없어도

하늘공원

황혼이 되면
새들은 왜 술렁이며 하늘공원을 떠나가는 것일까

큰 새는 큰 새끼리
작은 새는 작은 새끼리
크지도 작지도 않은 새들은 또 저들끼리 떼를 이루어
하늘로 날아오르는 새들을 보면

왜 갑자기 두고 온 고향 바다 마을이 그리워질까

가난한 사람들은 가난한 사람들끼리 모여
추운 줄도 고픈 줄도 모르고
더 크고 배부르고 등 따순 세상 모른 채
수렁배미에도 자갈밭에도 열심히 씨를 뿌리며
한 해에 세 치씩 자라던
맨발의 아이들을 바라보았네

내년에는 풍년이 들겠지 믿으면서

시루떡 쪄서
대청 사랑채 장독대에는 물론
대추나무 아래 우물가와 외양간에까지 간절히 빌고
이웃과 나누던 아리따운 시절이 있었건만

창포 머리 감아 빗고
아아, 곱게 꽂은 은비녀의 어머니
하늘 오르신 지 벌써 스물두 해나 되어
아궁이 앞에 피어나던 따스한 미소 찾을 길 없어

하늘공원 황혼 속으로 떠나는 새떼를 따라가네

만천성(滿天星)

멀고 먼 바다에서 온 참치 눈물주를 아세요

아직 깊은 바다 빛을 털어내지도 못한
참치의 시퍼런 눈 속에
예전에는 영국 왕실에서 전용으로 마셨다는 로얄 위스키를 넣고
매실원액과 백년초
그리고 파워에이드를 섞어 만든

참치 눈물주를 마시고
N마담은 감격해서 펑펑 눈물을 쏟았는데요
그날 술을 산 C남작이 하늘에 가득한 별처럼
안개꽃을 준비했기 때문이라는군요
(울 만도 하지요 글쎄 C남작이 열두 살이나 연하라니까요)

이만하면 대충 참치 눈물주 맛을 짐작하시겠어요

희고 붉고 노랗고 검푸른 층층이

생로병사 고진감래 감탄고토에 못 이룰 사랑까지
그런 모든 것이 섞이어
신기하게도 상큼한 눈물 맛이더라구요

참치 눈물주 한 잔에 만천성이라, 과연 그리 되었을까요
그들이 모두 별이 되었을까요

---

*만천성(滿天星): 안개꽃을 이르는 중국어.

수레바퀴를 넘다

네 마리 말이 끄는 수레바퀴에
두 낫 들이댄 사마귀

잠시 결단의 순간을 멈추고
슬로 버전으로 지난 삶을 돌아본다

내 노력 하나로
그곳에 닿으리라는 건
강물 거슬러 오르는 작은 물고기의 꿈이었나

눈시울 뜨거워진 사마귀
풍덩, 수레 넘어 하늘로 뛰어든다

떠밀려 바다에 다 와 가는 저녁 무렵

제4부

어머니 마음
―오백나한상을 보며

천 년 만의 세상 나들이다
인연 벗어난 절벽 위에
다들 다소곳이 앉아 있었다
기침 소리 하나 없이
소리 잦아든 어둠 속에
하나 둘 불이 켜지자
지난 인연 돌아보는 듯
표정들이 따뜻해졌다
아하, 해탈에 이르는 길은
동떨어진 길이 아니라
인연 극진한 어머니 마음
어머니 마음이구나

설청(雪晴)

눈 오신 날 대나무 숲길을 걸으면
오래 뵙지 못한 한 어른이 생각난다
겨울 새싹같이 여린 내 시를 읽고
천 리 밖에서 전화를 해주셨던 그 어른

얼마 후인가, 그분의 서실에 들렀다
그때 눈이 왔었다
함께 시인의 산소가 있는
햇빛 반짝이는 대나무 숲길을 걸었다
처음 설청이라는 말씀을 들었다
시 정신의 끝머리였으리라
세상이 하얀 절망에 뒤덮이더라도
그 속에서 푸른 희망을 보아내야 한다고
그것이 공부하는 사람의 책임이라고

그러고 보니, 모든 흰색에는 푸른빛이 돌았다
눈 쌓인 벌판에도
어머니 다듬질하신 옥양목에도

사랑방 경상 위 장형의 미농지에도
자세히 보면 푸른 기운이 꿈틀거렸다
세상 절망 밑에는 희망이 돌고 있다

풍탁(風鐸)

인사동 골동품점 한 구석의 청동 풍탁은
밤이 되면 소리 내어 운다
즈믄 살이 넘었는데도
청아한 목소리가 여전하다
봄이면 살구꽃 빛깔로 울고
가을이면 은행잎 빛깔로 노래한다
동해바다 황룡이
안개 자욱한 감은천 거슬러 들어오던 날
흰 피 솟던 머리처럼
감은사 앞마당에 떨어져 퍼덕인 그 후
천 년 서라벌 생각에
밤이 되면 혼자서 소리 죽여 운다

가파른 저녁

비가 와야 하는데 가물이 한참 가려나 노을이 붉다

귀가 떨어진 채로 수천 년을 졸고 있는 스핑크스 너머로

해 지기 전 새끼들 밥부터 먹여야 한다고

청나일강 넘치기 전 집부터 고쳐야 한다고

제 지구를 굴리고 가는 쇠똥구리의 저녁이 가파르다

대덕산 숭어

내 고향 대덕산에 숭어가 살았다

보리 베기 모내기
한창 바쁜 유월에
대덕산을 넘어오던 숭어 한 마리

잠시 일손을 놓고 달려오는
큰누님의 그물손가방을 타고
산길을 넘던 숭어는
금빛 갑옷에 팔자수염이 의젓하였다

해마다 유월이면
숭어 한 마리와 함께 삼십 리를 뛰어왔다가
오두막집 뒤돌아보며 뒤돌아보며
되돌아가던 큰누님

포르르, 산새가 놀라 날더니
대덕산 노을이 곱더니

>

이제 아버지 어머니 산소가 바라보이는 곳

모두 돌아간 대덕산 노을 바다에
그때 그 숭어들이 뛰놀고 있다

아득한 풍경

아득한 들판이 보였다
벼 베는 흰 옷 입은 사내들 향해
광주리 가득 새참을 인 아낙과
주전자를 든 어린아이가
꼬부라진 논둑길을 걷고 있었다
집 뒤 언덕 밤나무 숲
보국단에서 돌아오신 아버지가
언덕에서 수수깡 울타리를 엮고
짬을 내어 동아줄 엮어
밤나무에 그네를 매어주셨다

봉숭아꽃

파미르고원을 지나다가 낯익은 꽃 한 떨기를 만났다

울긋불긋한 원색의 보자기 펄럭이는 서낭당 옆

소리 없이 웃고 있는 수줍은 봉숭아꽃

천 년 전 그분 찾아 나선 계림의 새아씨 맞다

나마스테

며칠이고 강가에 남아
떠나가는 것을 지켜보고 싶었다

불타오르다가 이윽고,
강물에 떠밀려가는 그림자 하나

툭툭 털고 계단을 올라가면
전생처럼 까맣게 잊히고

나마스떼
부드러운 미소로 다시 시작하는 강 건너 삶

삶과 죽음과
너와 나

강물과 나무와
강물에 거꾸로 선 나무 그림자

자세히 들여다보면 내 그림자도 얼핏
강물 속에 보인다

---

*나마스떼: 만날 때와 헤어질 때 인도와 네팔에서 쓰이는 인사말. 원래 산스크리트어로 namaste는 '당신 안의 신께 경배합니다. 빛의 존재인 당신을 존중합니다.'라는 뜻이라고 한다.

당진 이모부

전쟁 끝나 돌아오니
보리쌀 독 바닥이 보이는데
저를 쳐다보는 애들이 여덟이유
소작 붙여먹던 논배미도 떨어져 나가고
빈 지게 지고 나왔는데
헐 일이 있어야주
진달래꽃 붉은 뒷산으로 올라갔더니
마침 눈물겨운 노을이
온통, 바다를 적시구 있데유
그런 일이 있었슈

그대나 나나
남태평양에서 죽잖고 살아온 것만도
조상님이 각별히 돌보신 게여
설마 산 입에 거미줄 치겠나
대접 가득 가양주 따라 나누던
두 어르신 모습에
등잔만 한 희망이 깜박거렸다

쌀 서너 말 자루에 담아 싣고
아산만 건너가던 통통배
까마득히 손 흔들던 당진 이모부

신전 앞에서

열 몇 개인가,
아이는 둥근 기둥을 세고 있었다
무량수전의 배흘림기둥을 떠올리며
나는 에게해의 포도주 빛 노을에 젖었다
더 이상 신탁을 내리지 않고
예언도 닫아건 언덕에
사람들은 왜 무거운 그림자를 끌고 오를까
신화를 잃은 신전은
텅, 빈속을 어떤 치장으로도 감출 수 없다
저녁놀이 서성거리는 신전 앞
―곧 어둠이 몰려올 것이었다

고깔제비꽃

봄길 걷는 것은 언제나 환영임다
피는가 싶으면 어느새 지고 말아
초개(草芥)나 방초(芳草)란 말 들으면
한 백 년 훌쩍 흘러간 느낌임다
지게 작대기 두드리며 양산도 부르며
굽이굽이 앵자봉을 넘던 친구는
어디서 무슨 노래를 부르고 있을까여
잔설 얼룩진 앵자봉 언덕에
하나 둘, 철 이른 고깔제비꽃 모여
이리 지천으로 보랏빛 은하수 놓았슴다

독락당(獨樂堂) 오르는 길

탁영대(濯纓臺) 지나는
물소리는
아이들 글 읽는 소리

회재(晦齋)* 어르신 계신가
묻는 대신
물소리를 듣고 섰다

매화 몇 송이 벌던 날도
달빛 아래 몇 잔 술로
거문고 소리 맑았다

사려 깊은 벗과 함께
노니는 일만큼
좋은 일이 있으랴만

혼자서 즐거운 곳은
자신에게 묻고 답하며

고개 끄덕이는 집 아닌가

물소리 바람 소리
날마다 새롭고
천년 달빛 그윽하렷다

---

*회재(晦齋): 해동 오현 이언적(李彦迪)의 호. 독락당은 회재 선생의 경주 별서 사랑채의 당호이다.

마리안느

검은 죄는 달다

미사 끝나고
모카커피 한 잔 마시다가
문득 꺼낸
달콤한 마리안느

티롤의 소녀 같은
마리안느
맑은 물소리로 달려오면
들꽃 향기 뭉클한

사각 초콜릿

허허실실

콧수염 마술사는 보이지 않는다
펄럭이는 붉은 망토도 없다

순간 펼쳐진, 허허한 밭이랑에
쭈뼛쭈뼛 마늘 촉을 내어민다

비 오고 햇볕 따가운 날도
눈물 뚝! 하품 뚝!

어린 싹을 북돋우어
씩씩하고 당당하게 키워내나

마침내 올라온 가는 대궁 하나
매운 꽃 한 송이 피워낸다

아하, 배달나라 하늘님은 늘 숨어서
감쪽같이 기적을 이루신다

아버지의 아버지

어느 날 마침내 나도 베어졌다
침목이 되어 아버지 옆에 누웠다

아버지 옆에는 아버지의 아버지들이
엮인 굴비 두름처럼 차례로 누워 있었다
아버지를 밟고 달려온 기차는 내가
어찌할 사이도 없이 순식간에 나를 지나쳤다

기차의 기적이 사라지면
천지는 다시 적막강산
나는 비에 젖어 투정도 하고
젖은 몸을 햇볕에 말리기도 하면서
어둠 속에 떠오를 맑은 눈빛,
다정한 별을 기다린다

언제까지 이렇게 있어야 하나요?
기차는 어디로 가는 것이지요?

자꾸 질문을 해대는 내 손을

아버지는 말없이 꽉 잡고 있다

단 한 번만이라도

부엉이 낮게 울고
싸락눈 쌓이는 밤

등잔불 밝히어
반짇고리 내려놓고

앉은뱅이책상 앞에
어린 내가 마주앉아

어머니, 단 한 번만이라도
눈 맞출 수 있다면

해설

높이 솟구쳐 나는 설청(雪晴)의 시

이병철(시인·문학평론가)

『한 뼘이라는 적멸』은 시인 윤정구의 구도자적 면모가 나타나는 시집으로 "시 정신의 끝머리"인 '설청(雪晴)'의 시를 향해 나아가는 도정을 그리고 있다. 속도, 팽창, 물신주의, 전염병, 소란스러운 집단 축제가 창궐하는 현대 문명사회는 현대인스로부터 정신이 안식할 거처를 앗아갔다. 우리가 빼앗긴 정신의 거처는, 바슐라르의 『공간의 시학』을 빌리자면 "몽상을 지켜주고, 몽상하는 이를 보호해주고, 우리들로 하여금 평화를 꿈꾸게 해"주던 곳이며 "인간의 사상과 추억과 꿈을 한데 통합하는" 장소였다. 이때 몽상은 예술이고, 몽상하는 이는 예술가이며, 사상과 추억과 꿈은 '정신성'이라 할 수 있다. 예술과 정신을 보호하는 안식처의 상실은 현대인들을 말초적 쾌락 뒤의 공황과 불안, 분노와 우울로 내몰았다.

윤정구는 현대성의 횡포에 의해 잃어버린 '정신의 거처'를 찾아 헤맨다. 시를 통해 현대인들을 잠잠하고 평화로운 정신의 안식처, 자연의 질서가 내면화된 낭만적 총체성의 세계, 인간의 실존적 한계를 초월하는 심미적 해탈의 시공간으로 안내하기 위해서다. 시인에 따르면 그 거처는 '높은 곳'에 있다. 윤정구는 현대 문명사회를 인간 존재가 탈주해야 할 일종의 디스토피아(dystopia)로 인식한다. 오직 잘 먹고 잘 사는 것만이, 부의 축적과 대물림만이, 가볍고 일회적인 쾌락과 도취만이 인간 존재 목적으로 설정된 즉자적 세계는 인간을 사유하지 않는 동물로 전락시킨다. 인간이 사유하지 않을 때 예술은 산소 부족의 촛불처럼 빛을 잃고, 대신 사유를 필요로 하지 않는 '인스턴트' 상업주의 대중문화가 무지몽매의 어둠으로 인간을 집어삼키기 때문이다. 윤정구는 낮게 깔린 그 어둠에서부터 나래를 치고 날아올라 "어둑새벽 훤히 열리도록"(「수렴동 물소리」) 지상을 밝히는 시를 꿈꾼다.

이 시집은 낮은 곳에서 높은 곳으로 오르려는 상승의 열망으로 가득 차 있는데, 시집 전체를 관통하는 '상승 이미지'는 시인이 하늘이나 공중, "천 길 높이 절벽"(「승천」) 등 지향의 장소를 펼쳐놓고 그 높이를 향해 "온몸으로 밀고 올라오"(「성불」)려 할 때마다 섬광처럼 빛난다. 무모해 보일 수도 있는 이 끝없는 상승에의 시도는 윤정구가 현대인들을 "가라앉은 주체

들"로, 그 자신을 "날개를 상실하고 추락한 영웅"으로 인식하는 순간 당위성을 획득한다. 윤정구 시의 상승 이미지는 '가라앉음'에서 '날아오름' 사이 세계의 빈 풍경을 채워가는 과정인 동시에 "아무것도 보이잖는 허공"(「단적」)인 상승의 극점에 반드시 참된 진리가 존재한다는 것을 확인하는 고독한 탐사다. 윤정구의 간결하고 탄력 넘치는 문장들은 독자를 비천한 현실적·육체적 욕망의 세계에서부터 고결한 초월적·정신적 세계를 향해 뛰어오르도록 한다. 바슐라르는 "시적인 이미지들은 모두 상승 활동을 일으키는 존재들"이라고 말하지 않았던가?

"멀리 보려면 높이 날아올라야 한다"(「시인의 말」)고 말하는 시인은 '새벽하늘', '은하', '하늘', '허공', '천길 높이 절벽', '동부여 하늘', '나무 위', '구릉보다 높은 무덤', '대가야의 하늘', '달 저문 하늘', '하늘공원 황혼 속', '천국' 등을 멀리 보기 위한 '높이'로 제시한다. 멀리 본다는 것은 눈앞의 구차한 현실에 함몰되지 않는 대자적 세계 인식이자 자기중심적 사고를 벗어난 타자 지향의 성숙한 윤리관을 의미한다. 그것이 예술의 문제가 될 때, 멀리 보는 예술은 손쉽고 안온한 대중성과의 타협이나 상품주의를 경계한다. 뛰어난 예술가는 비슷하게 키를 맞춰 사이좋은 군중이 되기보다 홀로 높이 솟아올라 영웅이 되려고 몸을 던지는 자다. 윤정구의 시에서 이 '높이'에의 도전은 "거슬러 오르는", "뚫고 나오는", "밀고 올라온", "기어 나온", "올라오고 있다", "밀어 올렸는지", "견디어 나아갈 뿐", "박차고 나아가", "뛰어오르는", "끌고 오를", "마침내 올라온" 등의 상승과 돌파의 이미지로 표현된다. 아득한 높이를 향한 상승과 돌파의 시도는 "날샛죽지가 녹아내릴"(「시인의 말」) 추락과 좌절로 이어질 수밖에 없지만, 제 몸을 불사른 잿더미 속에서 새롭게 태어나는 불사조처럼, 시인은 자기존재의 쇄신, 정신의 뼈를 깎는 미학적 갱신만이 예술가로서의 '치명적 도약'을 가능하게 한다는 사실을 알고 있다.

1. 상승을 위한 자발적 유폐

한 해 한 치밖에 자라지 못한다
윤달이 든 올해에는
작년보다도 작아졌다고 놀려댄다
아무리 참선하면 무얼 하나
땅에 붙은 제 키가 원망스럽다가도
어느덧 마음을 고쳐먹는다
키야 작으면 어때? 단단해지면 되지
황양목은 아침저녁 읽고 또 읽고
생각하고 또 생각한다
한 자 한 자, 품고 있는 동안

청동북의 금문(金文)을

가슴에 새길 만큼 단단해졌다

―「황양목」 전문

 "죽는다는 것은 가장 확실한 구원"(「은하수, 한 뼘이라는 적멸」)이라고 시인이 설파할 때, 이 구원론은 "옛 사람은 죽고 새 사람이 된다"는 기독교의 '영적 쇄신'을 환기시킨다. 어쩌면 신앙과 예술은 같은 원리를 공유하는지도 모른다. 신앙은 죄와 세속적 가치관에 물든 영혼을 다시 태어나게 하고, 예술은 타성과 관습에 젖은 정신을 찢어 거기서 새로운 감수성을 끄집어낸다. 신앙과 예술 모두 구원을 위해선 '옛 사람'과 결별해야만 하는데, 기존 자기존재와의 결별은 '무덤'이라는 은유로 말하여지곤 한다.

 윤정구는 무덤 속으로 걸어 들어가는 시인이다. 이것은 상징적 죽음이다. 스스로를 보편 다수적 삶의 자리에서 내놓아 캄캄한 어둠으로 유폐시키는, 고독과 소외의 유사죽음이야말로 '상승'을 위한 전제조건이라고 그는 말한다. 정신에 새살을 돋게 하는 것이 예술이라면, 상처는 예술의 불가결 요소가 된다. 편안한 일상의 자리는 결코 예술 창작의 공간이 될 수 없다. 야생의 골짜기처럼 외롭고 척박한 곳으로 들어갈 때, 일상적이고 설명적인 언어 대신 해석과 은유를 디뎌야만 닿을 수 있는 높이에서 시가 빛난다. 아무나 진입할 수 없는 거친

바위산이나 가시덤불 속으로 들어가 영혼에 생채기를 입어야 비로소 시의 새살이 돋는다. 시인은 "찔린 자국들이 작품이 된다"고, "찢긴 것들이 예술이 된다"(「한 식구」)고 아프게 토해낸다.

이 '찔림'과 '찢김'을 위해, 아니 세상에서 이미 찔리고 찢긴 시인은 자기 자신을 '골짜기'(「시인이란 이름의 민물고기들」)와 '혼자서 즐거운 곳'(「독락당 오르는 길」)과 '다산초당'(「다산초당의 노을」)의 "몇 겹이나 어둠 속"(「복음」)에 유배시킨다. 그 유배지에서 "온종일 눈감고 제 안에 흐르는 수렴동 물소리"(「호랑나비」)를 들으며 "끝까지 헛됨을 견디어 나아갈 뿐"(「들리지 않는 노래」)이다. 이 고독한 정진은 저마다 무지몽매의 시대와 불화한 권진규, 정약용, 이언적 등 선대 예술가와 선비들의 정신을 계승하는 일이기도 하다.

"몇 년씩이나 땅속에서 물속에서 참고 꿈꾸며"(「수매미는 알지 못한다」) "아침저녁 읽고 또 읽고 생각하고 또 생각하"는 시인은 함부로 말하여지는 상투적이고 관념화된 말들을 버리고, 사물과 세계의 본질을 관통하는 해석적 언어, 절대의 언어를 획득하려 한다. 그러나 보편적이고 실용적인 삶과 작별한 대가는 만만찮다. 유배가 깊어질수록 현실 세계의 소외와 단절, 오해, 궁핍은 더욱 자라난다. 하지만 그 자발적 유폐 속에서 시인은 단독생활을 하는 최상위 포식자처럼 새로운 언어와 상상력, 은유의 예감들을 포착하는 사냥술에 능숙해진다.

빛 안에서 일하고 어둠 속에서 쉬는 육체적 삶의 순환방식 대신 아침저녁으로 사유하고 또 사유하는 정신적 천착 끝에 마침내 시인은 "청동북의 금문(金文)을/가슴에 새길 만큼 단단해"진다. 이 눈부신 금빛 문양이 시의 언어라는 것은 자명하다. 시인이 택한 자발적 유폐는 높이 날아오르기 위해 힘을 모으는 훈련의 과정이었던 것이다. 어둠 속에서 오래 견딘 시인이 금문을 어깻죽지에 새기는 순간, 비로소 그에게는 높은 곳으로 도약할 수 있는 날개가 돋아난다. 그의 시가 하늘로 솟구칠 때, 그 아득한 높이를 바라보는 독자들 역시 세계관이 전환되는 치명적 도약을 경험하며 "사상과 추억과 꿈을 한데 통합하는" 정신의 거처를 회복하게 된다.

2. 높은 곳에서 빛나는 로고스

옥타비오 파스는 "세상은 사물들의 총체가 아니라 기호들의 총체다. 우리가 사물이라고 부르는 것들은 사실은 언어들이다. 산도 하나의 말이고, 강도 하나의 말이며, 풍경은 하나의 문장이다. 이 세계는 은유의 은유이다"라고 말했다. 파스는 이 세계를 구성하는 것이 시간의 흐름과 반복, 일정한 질서와 법칙이 존재하는 언어, 즉 '리듬'이며, 그 리듬들이 모여 화음을 이룬 총체가 자연, 즉 우주라고 본 것이다. 화음으로 이뤄

진 우주 안에서 리듬을 통해 세계와 상응하는 '아날로지(analogy)' 세계관은 언어의 신비한 힘을 강조한다. 파스에 따르면 모든 것은 운율이고 리듬이기 때문에 서로 상응한다. 아날로지는 우주적 구문론이자 음운론이며, 우주가 기호로 짜인 텍스트일 때 이 세계는 하나의 시편이다.

이 아날로지의 세계에서 언어는 대상을 생동하게 하는 내재적 힘이 된다. 마치 태초의 '말씀'처럼 말이다. 말씀이 만물의 본성을 깨울 때, 말씀이 부여한 기질에 따라 생명들은 세상에서 살아나갔다. 그래서 이 말씀을 로고스(logos), 원리와 법칙이라고 했다. 이 원리와 법칙에 의해 사물들은 서로 유기적 관계를 맺고, 세계에는 인과와 순환의 질서가 작동되어 왔다. 그러나 언어의 에너지가 충만했던 아날로지 세계는 자연과 인간의 불화로 인해 붕괴되었다. 인간은 말의 힘을 점점 잃고, 과학과 자본에 의해 언어는 한없이 가벼워졌다. 이제는 아무나 아무 말로 떠드는 세상이다. 언어는 무용하고 힘없는 것이 되고 말았다. 언어가 가벼워진 시대에 대한 시인의 불만은 "벙어리 삼 년에 귀머거리 삼 년이라고/아, 그게 무슨 시집이냐고"(「이병률(二甁律) 이야기」)라는 은근한 독설에도 나타나고 있다.

간혹 인물화에 눈동자를 그려 넣지 않았던 화성(畵聖) 고개지(顧愷之)는 아무리 하찮은 사물에도 다 신이 깃들

어 있다고 말했다

 그대가 그림을 그리고 시를 쓴다면 사물에 깃든 신을 만나야 한다고 여백은 빈 공간이 아니라 가능성의 힘들이 뭉쳐 있는 유현(幽玄)한 공간이라고

 설령 폭포가 떨어지는 깊은 골짜기에 들어갔을 때 가슴이 갑자기 벅차오르고 기가 차오름을 느낀다면 멈추고 서서 폭포의 말에 귀를 기울여라

 이우환의 움직이는 점과 마주 섰을 때도 마찬가지다 점과 점들이 서로 당기고 밀어내는 균형과 불균형의 접점이 느껴진다면 그게 바로 신의 숨결 아니겠는가

 그대 가슴속 만 가지 느낌과 뜻도 획 하나로 남아낼 수 있다고 그 획 하나에 모든 우주의 기를 모아 정신을 곧바로 하늘을 향하여 세울 수 있다지만

 낙관을 찍어 자신이 점안한 것임을 보증하던 옛사람처럼 시여, 내가 눈을 찍어 세상에 내보내어도 여전히 청맹과니인 시여 답답한 내 시여
　　　　　　　　　　─「점안(點眼)의 시법(詩法)」 전문

자발적 유폐를 통해 자기존재를 쇄신시켜 마침내 상승의 날개를 얻은 윤정구는, 높이 날아오른 '하늘'에서 언어의 로고스적 힘을 회복시키려 한다. 윤정구가 어둠 속에서 수집한 금빛 모강들은 하늘에 닿는 바벨탑의 계단이었던 셈이다.

　"아무리 하찮은 사물에도 다 신이 깃들어 있다"는 인식은 동양철학은 물론 아리스토텔레스의 형이상학을 함께 관통한다. '미메시스(mimesis)'는 사물에 깃들어 있는 신을 재현하는 행위다. 아리스토텔레스는 재현을 통해 인간이 사물에 내재된 이데아에 다가갈 수 있다고 말했다. "그대가 그림을 그리고 시를 쓴다면 사물에 깃든 신을 만나야 한다"고 강조하는 윤정구 역시 미메시스의 원리를 활용한다. 우선 그는 인간과 만물이 상응하는 아날로지 비전의 회복을 과제로 제시한다. 아날로지의 회복에는 "폭포가 떨어지는 깊은 골짜기에 들어갔을 때 가슴이 갑자기 벅차오르고 기가 차오름을 느낀다면 멈추고 서서 폭포의 말에 귀를 기울"이는 '멈춤'과 '귀 기울임'이 선행되어야만 한다.

　시인은 '나'를 "멈추고 서서" 자기내면에 '여백'을 만든다. 그가 자기존재를 비우고 폭포의 말, 즉 자연과 사물의 음성에 귀 기울여 이질적인 타자성을 수용할 때 비로소 "가능성의 힘들이 뭉쳐 있는" 사물과의 교감이 시작된다. 상응의 아날로지가 회복되는 것이다. 교감이 깊어질수록 우주를 구성하는 "점과 점들이 서로 당기고 밀어내는 균형과 불균형의 접점이 느껴진"다. 그러다가 어느 순간, 사물 속에 내재된 "신의 숨결"과 "만 가지 느낌과 뜻"을 "획 하나로 담아낼 수 있"는 절대적 미메시스의 언어가 벼락처럼 시인에게 내리꽂힌다.

고대 그리스인들은 신이 개입하는 특별한 시간을 '카이로스(Kairos)'라고 불렀다. 모든 사람에게 늘 똑같이 적용되는 크로노스(Chronos)가 '선의 시간'이라면, 카이로스는 '점의 시간'인데, 카이로스는 오랜 상승의 도전 끝에 마침내 높이 올라 "멀리 보는" 이치를 깨달은 자, 신에게 가까이 다가선 자에게 온다. 누구에게나 찾아오는 것은 시(時)뿐이다. 시(詩)는 오직 선택 받은 이에게만 온다. 윤정구는 이 카이로스의 시적 순간을 기다린다. "모든 우주의 기를 모아 정신을 곧바로 하늘을 향하여 세울 수 있"는 언어, 신과 수직으로 연결되는 로고스적 언어를 꿈꾼다. 기표의 한계를 극복하는 시, "빛이 있으라"고 하면 빛이 뿜어지는 시, 그 절대의 시로 희망을 노래하려 한다.

3. 희망을 노래하는 설청(雪晴)의 시

눈 오신 날 대나무 숲길을 걸으면
오래 뵙지 못한 한 어른이 생각난다
겨울 새싹같이 여린 내 시를 읽고

천 리 밖에서 전화를 해주셨던 그 어른

얼마 후인가, 그분의 서실에 들렸다
그때 눈이 왔있다
함께 시인의 산소가 있는
햇빛 반짝이는 대나무 숲길을 걸었다
처음 설청이라는 말씀을 들었다
시 정신의 끝머리였으리라
세상이 하얀 절망에 뒤덮이더라도
그 속에서 푸른 희망을 보아내야 한다고
그것이 공부하는 사람의 책임이라고

그러고 보니, 모든 흰색에는 푸른빛이 돌았다
눈 쌓인 벌판에도
어머니 다듬질하신 옥양목에도
사랑방 경상 위 장형의 미농지에도
자세히 보면 푸른 기운이 꿈틀거렸다
세상 절망 밑에는 희망이 돌고 있다

―「설청(雪晴)」 전문

윤정구를 우리 시대의 은자(隱者) 시인, 혹은 자연의 몽상가로 부를 수 있을 것이다. 그는 세상의 경향이나 시류와 결코

타협하는 법이 없으며, 예술을 삿된 명예나 부의 수단으로 삼으려는 이들이 감히 바라보지 못할 고결한 정신성을 지녔다. 한 번도 만나본 적 없지만, 시를 읽으니 시인을 알 것 같다. 그는 문장과 성품이 일치하는 시인이다. 그의 시를 일관되게 지탱하는 '선비정신'이 자칫 지나친 엄숙주의나 계몽주의가 될 것을 우려하는 시선들도 있겠으나, 윤정구는 차갑고 단단한 사유 속에 이 세계와 인간을 향한 따뜻함을 단 한순간도 내려놓은 적이 없다. 그것 또한 시를 읽으니 알 듯하다. 그는 절망 가운데서 희망을 찾아내는 로맨티스트다.

　'설청(雪晴)'은 눈 내린 뒤의 맑은 날을 뜻한다. 여말선초의 청백리 변계량 선생의 「雪晴」이라는 시조가 전해져 오지만, 위 시에서 "겨울 새싹같이 여린 내 시를 읽고/천 리 밖에서 전화를 해주셨던 그 어른", 시인에게 "처음 설청이라는 말씀을 들"려준 '그분'은 가람 이병기 선생의 수제자인 고하(古河) 최승범 시인일 것이다. 그는 일평생 고전시가와 시조를 연구해온 학자이자 60여 년 시를 써오며 지역에서 존경 받아온 큰 시인이다. 최승범 시인이 쓴 시조 「대나무에게」에는 "설청의 눈부신 아침/너를 바라본다 (…) 설청의 이 아침에/너를 다시 바라본다/개운히 스미는 빛이여/성글어 맑은 소리여"라는 구절이 있다. 홍성란 시인은 이 시조를 "시정잡사는 틈입할 수 없는 개결한 선비정신의 시"로 읽은 바 있다.

　2연의 "함께 시인의 산소가 있는/햇빛 반짝이는 대나무 숲길을 걸었다"는 회상에서, 시인이 그의 사상적 스승과 함께 찾아간 대나무 숲속 산소는 신석정 시인의 묘소일 것이다. 최승범 선생은 신석정 시인의 사위이다. "현대문명의 잡답(雜踏)을 멀리 피한 곳에 한 개의 유토피아를 흠모하는 목가적 시인"이라는 김기림의 평가 그대로 신석정은 세속과 떨어진 채 자연의 아름다움과 고고한 정신성을 노래한 '선비' 시인이었다. 대나무는 선비정신의 표상이지 않은가? 신석정과 최승범, 그리고 윤정구 그 자신까지 세 사람의 선비가 대나무 숲에 함께 머문 날, 시인은 "세상이 하얀 절망에 뒤덮여도/그 속에서 푸른 희망을 보아내"는 것이 "시 정신의 끝머리"임을, "그것이 공부하는 사람의 책임"임을 깨달았다.

윤정구는 폭설 그친 숲길에 반짝이는 햇빛처럼, "세상 절망 밑에는 희망이 돌고 있다"는 사실을 시로 노래하려 한다. 그러나 희망은 그냥 주어지는 것이 아니라 절망 속에서도 포기하지 않고 가치와 신념을 지키며 오래 견딜 때 마주할 수 있는 것이다. 정직함, 불의와 타협하지 않는 올곧음, 정치적 올바름은 모두 대나무처럼 "뚫고 나오"(「복음」)고, "온몸으로 밀고 올라"(「성불」)오는 상승과 돌파의 정신을 필요로 한다. 그는 이미 오래 견뎌왔고, 계속 견뎌나감으로 뚫고 오를 것이다.

윤정구의 시를 떠받치는 힘은 시인으로서의 자의식과 그 자의식이 지향하는 숭고한 정신성이다. 그는 다수와 중심과 주류로부터 스스로를 유배시켜 변방의 외로움을 견딜 때 비로소 시인이라는 존재가 완성된다고 믿는 순정한 예술가다. 그의 시에는 닿을 수 없는 높이를 향해 오르려는 무모한 영혼, 척박한 골짜기에 자기 자신을 유폐시킨 고독한 영혼이 있다. 그는 단독자의 자리에서, 끊임없는 상승에의 운동을 통해 시인이라는 자존을 유지하려 한다. 고귀한 것은 함부로 닿을 수 없는 높이에 있는 법이다. 이제 우리는 고개를 들어 윤정구의 시가 지향하는 까마득한 대나무 우듬지를 올려봐야 한다. 거기 빛나는 '설청의 시'로 눈을 씻을 때가 되었다.

이 도서의 국립중앙도서관 출판시도서목록(CIP)은 서지정보유통지원시스템 홈페이지(http://seoji.nl.go.kr)와 국가자료공동목록시스템(http://www.nl.go.kr/kolisnet)에서 이용하실 수 있습니다.(CIP제어번호: CIP2020021976)

시인동네 시인선 129

한 뼘이라는 적멸

ⓒ윤정구

초판 1쇄 인쇄 2020년 6월 8일
초판 1쇄 발행 2020년 6월 15일
지은이 윤정구
펴낸이 고영
책임편집 이리영
디자인 헤이존
펴낸곳 문학의전당
출판등록 제448-251002012000043호
주소 충북 단양군 적성면 도곡파랑로 178
전화 043-421-1977
전자우편 sbpoem@naver.com

ISBN 979-11-5896-469-6 03810

*이 책의 판권은 지은이와 문학의전당에 있습니다.
*양측의 서면 동의 없는 무단 전재 및 복제를 금합니다.
*잘못 만들어진 책은 바꿔드립니다.